動画で保育がわかる！

はじめての 0・1・2歳児

はじめに

　日本では、3歳までの赤ちゃんは母が家庭で育てるほうがいい、という「3歳児神話」に長い間とらわれていました。現代では女性の社会進出や共働き・一人親の増加・労働人口の減少などに起因して、乳児から保育施設に預ける家庭もめずらしいことではなくなりました。また乳児保育の研究により、乳児期であったとしても、子ども同士の関わりにより影響し合うことが明らかになり、短時間であれば少人数保育が有効であることも分かっています。しかしながら、待機児が多く発生していることは周知の事実です。家庭育児も孤立して子育てしている母が目立ち、不安や多様な要因での虐待ケースも顕在化しており、大切な乳児保育の基本を再確認する必要を痛感します。

　平成27年に「子ども・子育て支援新制度」が始まり、多くの幼稚園や保育所が認定こども園化しています。都市部を中心に小規模保育所も増加、乳児の施設保育が一般化していることもあり、乳児保育の基本を施設の保育担当者と保護者が共有することを目的に本書を作成しました。

　拙著ではありますが、未来の世界を担う主体的で平和的で民主的な人づくりに資することを願ってやみません。

安家周一

この本を読む前に

今を生きる私たちへ伝えたい3つのこと

「自己を受容するということ」

　自分を評価、判断することなく、無理に自分を変えようとせず自分自身を受け入れることが出来たとしたら、他者に対してもありのままの姿を受け入れることのできる自分となります。「私は何もできない保育者だ」と思っていたとしたら、「今の自分は忙しくて余裕がないのだな」と自分の感情を認めてあげることから始めたらいいのではないでしょうか。

「失敗するということ」

　大人は他者の評価を恐れて、失敗をしないようにしたり、失敗を隠そうとしたりします。
　子どもに対して、失敗させないように工夫したり、失敗だと分かるとその時点で修正を行なったりもします。
　子どもには自分自身で修正をしたり工夫を施したりする機会が必要です。
　それらは失敗というべきものではなくすべて過程であると捉えてみませんか。

「知るということ」

　0〜2歳の子どもたちは家庭でどのような1日を過ごしているのでしょうか？　お母さんはどのようなことで困っているのでしょうか？　認定こども園・保育園で過ごす子どもたちにとって、どのような環境や配慮が、より健やかな育ちにつながっていくのでしょうか？　保育園・認定こども園で子どもたちに関わる保育士・保育教諭にはどんな思いがあるのでしょうか？
　知ると知らないではこんなにも違う。お互いがお互いに対してより優しくなれる。育児・保育はお互いを知ることから始めましょう。

● この本を読む前に

自分の引き出しを広げてみよう

子どもを寝かせる時、皆さんはどうされますか？
抱っこしますか？　おんぶしますか？　読み聞かせをしたり子守歌を歌ったり、
添い寝しながらやさしくトントンしたり…

保育のあり方は様々です。「みんな違ってみんないい」です。
一番大切なことは、あせらずゆったり、あるがまま、ありのまま。
自分を好きですか？
自分に優しい人は人に優しい。
あるがまま、ありのままの子どもの姿がよりかわいく見えてきますよ。

楽しい子育て、でも不安になることもありますよね？
なんで泣くの？　寄り添うってどういうこと？
やめさせたいのに何て言えばいいの？　なんで眠りが浅いの？
どんな遊びがあるの？　遊んでばかりで食べない…どうしたらいいの？
いろいろありますよね。

この本を読んで、ほんの少し自分の引き出しを広げてみませんか。
ちょっと角度を変えた見方をしてみる、ちょっと知らなかったことを知ってみる。
それだけで、こんな子どもの姿もあるんだ、
こんな考え方や見方もあるんだということに
気付くことが出来るかもしれませんよ。

Contents

はじめに ……… 1
この本を読む前に ……… 2
本書の特長と見方 ……… 6

序章
赤ちゃんのいる暮らし ……… 7

みんなで子育てを ……… 8
家庭編・施設保育編 ……… 9

第1章
赤ちゃんとの暮らしの基本 ……… 13

- テーマ1 愛着を築こう ……… 14
- テーマ2 愛着の形成と育児担当制 ……… 15
- テーマ3 「褒める」と「認める」、「怒る」と「諭す」は違う ……… 16
- テーマ4 子育ては一人ではできない ……… 17
- テーマ5 物の出し方 ……… 18
- テーマ6 子どもを「見守る」ということ ……… 18

第2章
赤ちゃんの言葉の育ち ……… 19

● 目次

第3章

赤ちゃんの生活 ……… 27

● 食事
授乳期 ……… 30
離乳食期 ……… 32
幼児食期 ……… 34
月齢問わず、大切にしたいこと ……… 36

● 排せつ
排せつの「自律」……… 38
オムツの交換 ……… 40
オマルへの移行 ……… 42
トイレへの移行 ……… 44

● 睡眠
睡眠の発達 ……… 46
午睡の環境 ……… 48
SIDSについて ……… 50

こんなお悩み、どう答えよう？
その1
食べ物の好き嫌いが激しくて… ……… 26
その2
集中して遊ばないのですが… ……… 52

第4章

赤ちゃんの遊び ……… 53
遊びの見つけ方 ……… 54
体と心の発達 ……… 56

● 歌遊び・わらべうた
0歳 ……… 62
1歳 ……… 64
2歳 ……… 66

● 手作りおもちゃ
トイレットペーパーの芯 ……… 68
輪っか ……… 69
洗濯バサミ ……… 70
手作りブロック ……… 71
絵合わせブロック ……… 71

● 子ども同士のあそび
0歳 ……… 74
1歳 ……… 75
2歳 ……… 76

おわりに ……… 77
動画の見方・動画一覧 ……… 78

本書の特長と見方

関わりの基本が分かる！

愛着を形成することの大切さや子どもと関わる際にはじめに押さえておきたい基本的な事項、子ども自身が思いを伝える言葉の発達など、まず知っておきたい心構えが身につきます。

生活と遊びがよく分かる！

食事や排せつなど、乳児期の多くを占める生活について様々な視点から解説。遊びについても、大事な保育者との関わりの時間になるわらべうた・手遊び歌や、ものと関わって楽しむ手作りおもちゃなど詳しく紹介します。

動画で保育が見えてくる！

授乳やおむつ交換のやり方、手づくりおもちゃで実際に遊ぶ様子を、すぐに見られる動画で紹介！ 動画だからこそ、実際のことばがけの際の声のトーンや雰囲気などがよく分かります。

序章

赤ちゃんのいる暮らし

まずは、0・1・2歳児の赤ちゃんの1日の生活は
どのようなものなのかを見てみましょう。
初めて子育てをするお母さんと、
この世に生まれたばかりの赤ちゃんが
どのような日々を家庭で過ごしているかを知ること、
そして園での1日がどのような流れで進んでいくのかを知ることが、
これから乳児保育をスタートする保育者にとっての第一歩です。

みんなで子育てを

　280日という長い月日、お母さんのおなかの中の、体温と同じ暖かさの海水のような水の中で、ゆっくり育まれた赤ちゃんが外界に出てきます。お母さんが命をかけて子どもを生むことで、この世に誕生します。

　一人では生きていけないことを知っている赤ちゃんは、生まれたときからいろいろなことを訴え欲求します。空腹、排せつ物の交換、機嫌が悪くなる夕方。そのたびにお母さんや周りの大人を呼びつけます。呼ばれた大人は、何を置いても駆けつけ、赤ちゃんを抱き上げます。その繰り返しが育児の始まりです。

　そのような世話を受けた赤ちゃんは、自分が泣けば大人が飛んできてくれることを感じ、「私は愛されている」「この人と居れば安全だ」「私には人をひきつける能力がある」と感じ、いつも世話してくれる大人との間に愛着や基本的信頼が育まれ、しっかりとした「心の安全基地」が獲得されます。

　さあ、赤ちゃんとの生活が始まります。大昔からお母さんたちは、周りの人たちとみんなで子育てをしました。決して一人で赤ちゃんを育てていたわけではありません。みんなで子育てしましょう。

序章 ●赤ちゃんのいる暮らし

ここからは、「家庭編」と「施設保育編」に分けて0〜2歳までの子どもの生活のようすを記しています。実際の保育の参考に、そして保護者に伝える時の手立てとしても役立ててください。

家庭編

待望の赤ちゃんが産まれ、やっと自宅に帰ることが出来ました。ほっとするのもつかの間、泣きの連続で母親も泣きたくなります。どんなおおらかな方でも一人で赤ちゃんを育てるのは至難の技。保健師や近くの知人・友人、保育園など、人に頼ることがとても大切です。「私の子」と考えるよりも「一番親しい他人」という風に見てみると少し冷静になれるかも。

施設保育編

不安な表情で子どもを預けに来られる保護者がいます。大切な宝物を他人に託すわけですから当然のこと。少しずつ信頼関係を築いていきましょう。受容的で応答的な関わりが鍵です。子どもの心情を読み取り、期待にこたえることによって安心な暮らしが始まります。何気ない日常を大切にしましょう。

家庭編 🏠

睡眠の長さや眠りの深さなど、月齢やその子どもによって姿はまちまちです。寝たいときに寝て起きたいときに起きる、これに付き合うほかありません。

母乳の場合、どのくらい飲んだのか量が分かりにくいです。吸うのにも力が必要で、途中で疲れて寝てしまうこともあります。そうすると、すぐにおなかがすくわけです。赤ちゃんの欲求に合わせて授乳します。6か月くらいから徐々に離乳食に移行します。

3か月くらいになると寝返りができるようになります。また、はうことが徐々にできるようになり、6か月くらいをめどにお座りもできるようになります。

0歳児

施設保育編 🏫

厚労省の基準は赤ちゃん3人に1人の保育士が必要です。哺乳、排せつ物の交換など、育児の部分はできるだけ決まった大人が行なうことが求められます。そのことによって、基本的な信頼関係が構築され、安心して生活を送ります。こういった、ひとりの子どもに対し担当する保育者を決めて保育することを「育児担当制」といいます。家庭では保護者、園では担当の保育者に愛着を感じ、安全基地となります。

玩具は複数用意し、ご機嫌で遊んでいるときには見守ります。赤ちゃんから発せられるメッセージを気に掛け、関心を向け、応答的に関わるようにしましょう。

序章 ● 赤ちゃんのいる暮らし

　　分で歩けるようになり、得意げです。この時期
自のテーマは「自我の目覚め」、自分というもの
を意識する時期にさしかかります。大人側からすると、
だんだん言うことをきかない「イヤイヤの時期」とも
表現され、駄々をこねて大人を困らせることが多くな
ります。特に第1子の場合、できるだけ地域の保健師
や保育士などの専門家を頼りましょう。
　晴れの午前中など、出来るだけ公園などに出向き、
自然の中で生活をします。その後は、食事が進んだり、
気持ちの良い睡眠が得られます。

1歳児

　　の時期の集団では様々なトラブルが発生します。
こ相手の持っている玩具を無理に奪ったり、たた
いたり、噛み付いたりといったことがよく起こり、目
が離せません。言葉で表現できるようになると、不思
議とそのようなことは減ってきます。保護者への伝え
方を丁寧にしましょう。
　食事も、こぼしながらも徐々に自分で食べられるよ
うになってきます。できることを認めることが大切で
す。だんだん周りの子どもにやっていることに興味を
持って近寄って行ったりします。これがトラブルの元
になることも多いですが、できる限り見守りましょう。

11

家庭編

2歳児といっても、満3歳になる年齢です。口もだんだん達者になり、生意気になります。暖かい時期を目掛けて、おむつから綿のパンツなどに切り替え、失敗するごとにはきかえさせるようにしましょう。仲間を求める時期です。同じような子どもに興味を示し寄って行きますが、やり取りやルールが分からないため、トラブルになることもしばしば。保護者同士が顔見知りだと安心です。声を掛け合いましょう。

2歳児

施設保育編

この年齢は満3歳になる年齢です。身体的にも手指の巧緻性も育ってきます。細かいものをつまんだり、紙を折ったりもできます。様々な環境を構成し、自ら取り組めるような働きかけが大切です。また、集団の意識も育ち、友達と一緒にすることを喜びます。簡単な体操、わらべうたあそびなど、保育者側の働き掛けに応えることもできます。保育室内も体を動かすことができる場所、じっくり取り組める場所、絵本を読める場所など、コーナーを区切って部屋を作ることも大切です。

第1章
赤ちゃんとの暮らしの基本

　乳児との暮らしの中では、まず押さえておきたい基本的な事項があります。子どもと関わる上で大切にしたいこと、心がけておきたいこと、知っておいてほしいことを6つのテーマにまとめました。これから保育を始める心構えに、そして自分の保育の振り返りにも役立ててください。

テーマ1 愛着を築こう

他の哺乳動物に比べてとても未熟に生まれてくる人間の赤ちゃん。そのため、衣食住すべてを周りの大人に頼らざるをえません。すべての欲求を、『泣く』という言語で表現し、周りの大人を操作することで欲求が満たされます。

この行為を繰り返し繰り返し行なうことによって、主に母親との間に愛着関係が築かれます。ある意味、**圧倒的な奉仕（＝お世話）を求めるのはこの基本的信頼を育むため**と言ってもいいと思います。これが人格形成における基本中の基本なのです。母子同様に、愛着の形成のためには**保育者と子どもの間の絶え間ない関わり**が重要になります。

1章 ● 赤ちゃんとの暮らしの基本

テーマ2 愛着の形成と育児担当制

産まれて間もなくの赤ちゃんは圧倒的に周囲の大人に奉仕（＝お世話）を求めます。おむつがぬれた、おなかがすいた、身体がかゆい、寂しいなどそのつど泣き、大人を求めます。泣いたらすぐに近くに来てくれる大人に愛着を抱き、徐々に信頼の関係が発生します。心の安全基地ができあがってくるのです。

保育の現場でも、乳児保育の基本である『**育児担当制**』を採用している園が多くあります。『育児担当制』という概念は、授乳などの食事、排せつ時のオムツ交換など、**一対一で関わる営みを、できるだけ決まった人が行なう**ということです。環境を用意し遊んでいるときなどは見守り、赤ちゃんからの要請や必要のあるときだけ手助けをするに留めることが大切です。もちろん、赤ちゃんが愛らしいからといって抱っこばかりするなどはやめましょう。

テーマ3 「褒める」と「認める」、「怒る」と「諭す」は違う

大人の望むことができたら褒める、やってはいけないことをしたら怒る、このようにしてしつけを行なう家庭は珍しくありません。自分がされたように子どもに行なうことも一般的です。そのようなしつけが強化されると、褒められるからする、怒られるからやめるというように、常に判断が自分の外にあって、子どもが自律的に判断することが難しくなるでしょう。本来**子どもと大人の人格は対等**であり、お互いにいやなことはいやと言い合えることが大切です。やってほしくないことをした時はまずは止めますが、なぜやってほしくないのかを相手が分かるように伝え、促すことが大切です。

また、やってくれて大人がうれしかったことなどは、「褒めそやす」のではなく『先生(お母さん)はうれしかったよ』と伝えましょう。自分の好きな人が喜んでくれることでよい行為が強化されることになります。**よい行為を認め、困ることは諭す**と言う、対等な関係こそが自律するためには大切です。

1章 ● 赤ちゃんとの暮らしの基本

子育ては一人ではできない

人類は太古の昔から集団で生活してきました。集落で赤ちゃんが産まれると、周りの大人は協力し合って妊婦を助け、協同して子育てを行なってきました。このことは、単に助け合いを意味するのではなく、出産を契機に脳のホルモン分泌が変化することで母親は不安になり、人の助けを求めるように動機付けられることが新しい脳科学の知見で分かってきました。**もともと赤ちゃんを母だけで育てることはできない**のだ、ということが分かったのです。

しかし、核家族化が進み、日中の家庭で母親と子だけが家に取り残されるケースも少なくありません。母親の心理状態を考えても、ある意味で非常に危険な状態に置かれていることになります。約40％の家庭では1歳児から保育所などを利用していますが、それ以外の多くの家庭では孤立した子育てを余儀なくされていて、不安の中での子育てが予見されるのです。保育所等の利用はもちろん、園庭解放や一時預かりなど、**子育て支援の機関につながる必要**があります。

17

テーマ5 物の出し方

徐々に寝返りし、ハイハイできるようになった子どもは、様々な探索行動を始めます。床に落ちているいろいろなものをつまみ、口で確かめます。上向きになっているときなどには、自分の足指を口に入れて自分の身体を確かめることもあります。このような==子どもの発達を判断==し、口に入れても大丈夫な安全なおしゃぶりや、口には入らない大きさの積み木、転がるボールなどを部屋に用意しましょう。様子を観察し、あまり遊ばないものはしまって、新たな玩具を用意します。あまり==たくさんのものを出し過ぎない==ようにすることも大切です。適当な環境が用意されると、子どもは一人でよく遊び込むものです。

テーマ6 子どもを「見守る」ということ

適当な環境で遊んでいるときには、保育者は見守ることが大切です。しかし、ちょっと困ったときや、何か変だと感じたとき、おしっこや便が出そうなときなどに、赤ちゃんは信頼している人を確認する様子を見せます。「どうかしたの?」「おしっこでるの?」など、==『あなたのことを見ています』==というメッセージや無言のうなずきなどのサインを送りましょう。そのことで、このまま遊んでいいんだということや自分は見守られていることを感じて安心して遊びを続けます。反対に大人が無関心であることは、子どもにとって安心して遊び込める環境ではなくなってしまいます。==心が通い合っている空気感==が大切です。

第2章
赤ちゃんの言葉の育ち

生まれてからみるみる発達していく「言葉」。
その育ちは、どのような過程を経て発達していくのでしょうか。
ここでは誕生から2歳児までの言葉の発達を、
それぞれの時期の特徴と、その時期に現場で見られた
発達エピソードを合わせて紹介していきます。
必ずしもすべての子どもに当てはまるわけではありませんが、
関わりの中の目安として参考にしてください。

誕生

2・3か月頃

機嫌のよい時には「アー」「ウー」など、喉の奥からクーイングとよばれる柔らかい声を出すようになる。自分の意思や欲求を声や喃語（なんご）、身振りなどで伝えようとする。

4か月頃

大人があやすと微笑み返すようになり、「アーアー」「バー」などの喃語を発する。「ご機嫌ね」「お話し上手ね」などと優しく語りかけると、受け止められることに心地良さを感じ、感情表現も豊かになり積極的に関わりを求めるようになる。

この時期の発達エピソード

スポンジの積み木の上にもう一つ積み木を積み、それを繰り返しています。うまく積めると嬉しそうに保育者の顔を見て「あー」。
保育者が「じょうずにできたね」と言うと、手をたたいて喜びます。積み木が崩れると「あーあー」と言って保育者の顔を見、「もう一度積もう」と一緒に積むと「アッ、アッ」と言って自分で積もうとしています。

2章 ● 赤ちゃんの言葉の育ち

9か月頃

興味があるものを盛んに指さしするようになる。「ワンワンいるね」など、言葉に代えて応えていくことで、目の前の「犬」と「ワンワン」という音声が結びついて、ものには名前があることが分かり、言葉を獲得しはじめる。

子どもの喃語や指さしなどを大人が受け止め、言葉に置き換え伝えていくことで、言葉を育て、人とのやり取りの喜びと意欲を育む。

この時期の発達エピソード

散歩中、バギーから身を乗り出して次々に指さししています。散歩中の犬や家の前に飾ってあるシーサーの置物など、保育者に知らせたい、触りたいという気持ちを「あ」「あ」と指さして知らせています。

1歳頃

　言葉の理解が進み、指さし、身振り、片言などを盛んに使い、応答的な大人とのやり取りを重ね、自分のしたいこと、して欲しいことを言葉で表出できるようになる。見立てなどの象徴機能が発達し、言葉を交わして大人と一緒に**簡単なごっこ遊び**を楽しむ。

動画でチェック！

この時期の
発達エピソード

　「ナニ？」「絵本」「ナニ？」「人形」目についたものに対して次々に質問を言ってきます。「ワンワン」「マンマ」の言葉が「犬」「ごはん」の意味を持つことに気付き、「チョーダイ」と行動や欲求を意味する言葉を獲得すると、2語文になり、「ナニナニ」質問期が始まります。自分の知っているものにも「ナニ？」と質問しますが、知っている答えが返ってくる期待と喜びを味わっているようです。

2章 ● 赤ちゃんの言葉の育ち

1歳2か月頃

「マンマ」や「ネンネ」など生活習慣や活動内容を表す言葉に気付き、生活を見通し安定感をもって過ごせる。また「はい」「かして」「ちょうだい」などの**要求語**、「どうぞ」「ありがとう」など、人と生活するための言葉から、人との関わりを促し、心が通うことにつながる。

動画でチェック！

1歳半頃

自我が芽生え、強く自己主張するようになる。「いや！」「だめ！」といった言葉を繰り返すようになる。
　この拒否する言葉は子どもの心の中で親しい大人から自立しようという芽の育ち始めているあかしなので、できる限り受け止めていく。

この時期の発達エピソード

　この頃になると、「お昼ごはん食べようか」即「イヤ」、「お着替えしようか」即「イヤ」。鏡に写った姿が自分の姿だと意識する頃から自己意識が芽生えると言われていて、大人の働き掛けに対して即「イヤ」と応えるようになります。自分は大人と違う独自な存在なのだという意識の芽生えです。「わかった、食べたくないのね」とまずは、受け入れるところから始めます。

2歳頃

自分の思いや欲求を主張し、自分の「つもり」を受け止めてもらうことで、他者を受け入れることができ始める。また、友達への興味や関心も高まり、自発的に働き掛けていくようになり、子ども同士の関わりが徐々に育まれていく。

動画でチェック！

この時期の発達エピソード

ままごとコーナーから顔を出して「ここよ」と中にいることを伝えています。友だちに気付き、「はい」「どうぞ」と母親のようにままごとのイチゴを差し出すことを繰り返しています。友達のつながり、母親のようなイメージを持って行動することが楽しくて仕方がない様子です。

2章 ● 赤ちゃんの言葉の育ち

2歳頃

動画で
チェック！

　自分の思う通りにできずもどかしい思いをしたり、寂しさや甘えたい気持ちが強くなって不安定になったりと、**気持ちが揺れ動く**こともある。まだ十分には言葉にならない様々な思いを丁寧にくみ取り、受け入れつつ、「自分でしたい」という思いや願いを尊重して、その発達や生活の自立を温かく見守り支えていくことが求められる。

この時期の発達エピソード

　「お片付けしようか」「したくない」、「お外に行こうよ」「行きたくない」。2歳児のイヤイヤは、より強烈なダダをこねるようになります。自尊感情が出てきだし、自分を大切に扱ってほしいという表れであり、人との折り合いをつける大切な過程でもあります。子どもの気持ちを尊重しつつ、自分をコントロールして気分を変えられるようゆったりした関わりが求められます。

2歳頃

　二語文、**ごっこ遊びでのやり取り**ができる程度へと、大きく言葉の習得が進む時期であることから、それぞれの子どもの発達の状況に応じて、遊びや関わりの工夫など、保育の内容を適切に展開することが必要である。

　片言を話し始める時期、子どもの一言には、いろいろな思いが込められているので、できるだけ丁寧にくみ取るようにする。

動画で
チェック！

25

こんなお悩み、どう答えよう？
~家庭からの連絡帳より~

その1　食べ物の好き嫌いが激しくて…

家庭から

最近、自分でスプーンを握って食べるようにはなっているのですが、好き嫌いが激しく、野菜を食べさせようとするとべーっと吐き出してしまいます。好きなものに混ぜて食べさせたりしているのですが、何かいい方法はありますか？

園から

　子どもの舌は大変敏感だといわれています。甘いものは良い物と感じるようですし、苦いものは悪いものと感じるようです。よって、野菜などは口当たりや味が合わず、多くの子どもは好みません。偏食を矯正することを慌てる必要はなく、幼児の後期には、いろいろなものが食べられるようになってくれれば良い、くらいにゆったりと構えましょう。また、食事のマナーでは、スプーンを使ったり、デザートは食後にしたり、といったことが基本になりますが、子どもの場合、好きなものから食べるのが当然です。トレーの上にはデザートなどは乗せないほうが良いでしょう。また自分で食べたがり、手づかみでこぼしながら、どんどん口に運ぶ子どももいることでしょう。こぼしても良いように床に新聞紙を敷くなど、環境を整え、食べる意欲を大切にしましょう。

第3章
赤ちゃんの生活

この章では、子どもの生活を
「食事」「排せつ」「睡眠」の３つのカテゴリーから、
発達段階に合わせて詳しく見ていきます。
誕生～３歳を迎えるまでのこの時期は、
生活面での変化や成長が目まぐるしく、
一人ひとりに寄り添った対応が不可欠です。

育ちの
プロセス

それぞれのカテゴリーについて見ていく前に、誕生～3歳になるまでの大まかな育ちのプロセスを押さえておきましょう。食事も排せつも睡眠も、それぞれ相互に関係しあって発達していきます。

4～6か月

寝返りができたり、母親のことを認識できたりするようになってきます。自分から両手で物をつかんだりできるようにもなります。この頃から離乳食が始まります。

6～12か月

下の歯、上の歯が生え始めます。歯と歯茎でかむカミカミ期になり、離乳食を1日3回程度食べるようになります。また、午睡の時間も一定になっていきます。

誕生

1歳

1～3か月

音や光に反応し、触れたものを握ります。あやすと笑い、動くものを目で追い掛ける（追視）ことができるようになります。3か月頃になると、首がすわり、声が出始め音がする方を見るようになります。泣くことで自分の気持ちをアピールします。

1歳 ❶

ママ、マンマなど、生活に身近な言葉が出てきます。食欲が旺盛になり、手づかみ食べもよく見られるようになります。食べたいという意思を尊重しましょう。また、一人ひとりの生活を把握し、食事時間を調整するようにしましょう。朝早く起きて朝食の時間が早い子どもは、昼食や午睡の時間を早めましょう。

3章 ● 赤ちゃんの生活ー育ちのプロセス

1歳 ❷

排せつの間隔が一定になってきて、尿意を感じると伝えるようになってきます。1歳後半になると、トイレに興味をもち始める子もいます。

2歳 ❷

トイレの時間が決まってきて、だいたい漏らさないようになります。まだ自分で拭くことは難しいので、保育者による手助けが必要です。自分でズボンの脱ぎ着もできるようになってくるので、「ジブンデ！」の気持ちを大切にしたいですね。

2歳 ▶ **満3歳**

1歳 ❸

ハイハイや歩行が始まることで、活動量が増えるようになります。そのため、日中眠たがる子もいますが、徐々に午睡は1回寝に移行していきます。

2歳 ❶

まだまだこぼすことも多いですが、スプーンやフォークを使いながら自分で食べられるようになります。3歳に近づく頃には、箸を使って食べることもできるようになります。

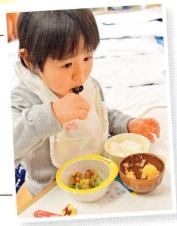

食事

授乳期

　赤ちゃんは欲求があるときに泣いて知らせてくれます。おむつが濡れていやで泣いているのか、眠たいのか、抱っこしてほしいのかなどありますが、一番の理由はおなかがすいた時だと言われています。

　「今日はよく飲んでいるな」「あまり飲んでいないな」など赤ちゃんの様子が分かるのも授乳中なので、子どものようすをよく観察しながら授乳しましょう。

哺乳瓶の角度

空気を飲み込んでしまわないよう、乳首まで十分にミルクを満たす角度であげましょう。

抱き方について

保育者はソファーやイスなどに座り、肘や背中にクッションを置くなど姿勢を安定させましょう。

授乳時間の目安

授乳時間は大体15分ぐらいを目安に、乳首の穴の大きさやキャップの締め具合を調整します。

ゆったりと、語り掛けるように

落ち着いた気持ちで過ごせるように、優しく歌をうたったり、ゆったり語り掛けながら授乳しましょう。

授乳時のポイント

動画で
チェック！

飲んだらゲップを
飲ませた後には必ずゲップ（排気）をさせましょう。なかなか出ない時には背中を優しくトントンとたたいてみましょう。

ミルクの温度に注意
ミルクは40度くらいが適温です。手首に2～3滴落とし、熱さや冷たさを感じないくらいがよいと言われています。

記録を忘れずに
飲んだ時間や量、その時の機嫌や気になることなどを記録しておきましょう。

卒乳のタイミング

　離乳食を食べられるようになり、水分補給ができるようになれば卒乳できます。
　生まれてからの習慣を変えなければいけないのは、母子ともに負担が大きなものになるかもしれません。3日間あれば卒乳できると言われていますので、連休などいっぱい遊べる3日間を計画し実行することをお勧めします。

食事

離乳食期

食具は…
スプーン

準備期 **3か月頃〜**

離乳食が始まる前に、野菜スープや果汁を少しずつ飲み始めましょう。スプーンの感触に慣れ、スムーズに離乳食をスタートできます。

前期 **5〜6か月頃** ●歯の目安…下の歯が2本生え始める

歯が萌出するのは個人差がありますが、下の歯が生えていなくても歯茎は固くなっているので離乳食の始まりは5〜6か月頃からと言われています。

まずは噛まずに飲み込める、スープ状のものから始めましょう。

メニュー例
おかゆ、ペースト(タマネギ、ニンジン、ホウレンソウ)、マッシュポテト、スープなど

中期 **7〜8か月頃** ●歯の目安…下の歯が2本

7〜8か月頃から舌や歯茎で潰すことができる軟らかめの固形食に変わります。

メニュー例
おかゆ、だし煮(ジャガイモ、鶏ささみ、ニンジン)、スープなど

動画でチェック!

3章 ● 赤ちゃんの生活ー食事

後期

10か月頃　●歯の目安…上の歯が2本　下の歯が2本

　10か月頃から少し大きめの固形食に変わっていきます。前歯を使って煮野菜などをかみ切ることもできます。また、手づかみで食べたいという欲求を自ら行動として表すこともできるようになってきます。子どもの育ちが食事からも感じられる時期です。

メニュー例
軟飯、小さくちぎった柔らかいパン、柔らかく煮た野菜、ミンチなど

完了期

13～15か月頃　●歯の目安…上の歯が4本　下の歯が4本

　食に対する意欲も高まり、こぼしたりしながらも徐々に自分で食べられるようになります。また、食事のほとんどを椅子に座って食べられるようになり、個人差がありますがスプーンを使って食べられる子もいます。自分主導で食事ができるようになり、保護者や保育者は補助的役割に変わっていきます。

動画でチェック！

メニュー例
軟飯、魚の煮物、スティック野菜など

幼児食期

1歳後半〜

　食への意欲も増し、できることも増えてきます。スプーンやフォークも上から握っていたのから、鉛筆を持つように変わってくる子もいます。これは指先の動きや、手首の可動域が広がりできるようになると言われていますが、体の各所の部位を動かす遊びや、毎日の食事の中で習得できることですね。

2歳〜

　2歳になればほとんどのことを自分でできるようになります。困ったことに気付いてあげられるよう、家庭では一緒に、園では見守りながら食事を進めることができるようになります。手や口を出しすぎず、一人でできることを伸ばしてあげましょう。

動画でチェック！

アレルギー対応について

園でのアレルギー対策は、基本的にアレルギー物質の入った食材の完全除去です。命に関わる重大な事故を防ぐために、園で行なっている方法をご紹介します。

食器やトレイを分ける

アレルギー児の食器の底に名前を書いた紙を貼ったり、食器自体を他と変えておいたりするなど、混ざって間違えないようにします。

二重チェックの徹底を！

アレルギーによる事故の原因のうち、「配給・配膳ミス」は7割を越えています。調理時には栄養士・調理員が、配膳時には保育者がチェックすることで、ミスを防ぎましょう。

初めて食べる食品に気を配る

園でのアレルギー事故が起こる原因の一つとして、その食品が初めて触れるものであるということが可能性として考えられます。食べたことがない食品については、まず家庭で与えてもらい、アレルギー症状が出ないことを確かめてもらいましょう。

特に乳幼児期は、しぜんと食べられるようになることが多くあります。家庭や医師と連携を取り合って、万が一がないようにしましょう。

食事

月齢問わず、大切にしたいこと

楽しい食事時間で築く愛着関係

毎日の食事の時間は、子どもにとっても保護者や保育者にとっても愛着関係を確立する大切な時間です。また、まだ話せない赤ちゃんの様子が分かるのも食事の時間です。語り掛けながら子どもの様子を探り、信頼関係を築くとともに愛着形成を確立してください。

こぼしても片付けられる環境の配慮を

手づかみ食べが始まっても自我の芽生えと思い見守りましょう。自分で食べられる欲求や楽しさを十分満足させてあげましょう。落としたりこぼしたりして汚れるのはこの時期の特徴です。おしぼりを用意するなど、下にこぼしたりしてもすぐに片付けられる大人の配慮が必要ですね。

生活の流れに沿った食事時間を

家庭と違い集団での保育では、2歳ごろまでは生活の流れに沿った食事を考えなければいけませんね。早く登園する子、遅く登園する子では昼食の時間も変わってきます。家庭との連携を密にし、生活の流れを保護者にも相談・協力していただきながら生活の流れを作っていきましょう。

食後は着替えて…
自分で布団へ

食具への関心を促そう

スプーンや箸などに興味がもてるよう準備しましょう。いつまでも大人が食べさせてあげていると、子どもの「やりたい」気持ちを阻害することにもなります。

 ポイント 1・2歳児の食事は3歳児のようにみんなで一斉に食べることの押し下げではありません。園でも生活の流れを考慮しながら食事の環境を整えましょう。動画で悪い例を見てみましょう。 動画でチェック！

排せつの「自律」

　子どもの排せつの習慣は、子育ての大きな課題です。紙のおむつが一般的になり、特に日本製のおむつは高性能です。おしっこを数度出しても、あまり不快を感じない、とも言われます。その快適なおむつからどのようにトイレへと移行するのか、子どもの排せつについて考えます。

　ここでは、排せつを自分でコントロールできるという意味で「自律」と表現します。1歳半くらいから一般的に「イヤイヤ期」と呼ばれる相手の都合をかまわないで自分を主張する時期がやってきます。大人に依存するしかなかった時期から、自分というものを意識しだすようになるのでしょう。そのことから大人にとっては「イヤイヤ期」に映りますが、子ども自身にとっては「自立の時期」ともいえます。この自立の時期と、自分で排せつがコントロールできる「自律」が相互に関係し合って、子ども自身の「自分には能力があるのだ＝自己有能感」という気持ちが湧き上がります。

3章 ● 赤ちゃんの生活ー排せつ

となると、個人差はありますが大体2歳くらいをめどにおむつを外すことが目標となります。もちろん失敗は当然ですので、焦らず進めましょう。子どもによって、自律神経の育ちやぼうこうの許容量でおしっこが出る時間が大体決まっています。40分間隔の子どももいますしもう少し長い子どももいます。そこに合わせて時間が来たら部屋に置いたオマルやトイレに促し、試すことも始められるでしょう。

布おむつについて

　家庭では利便性や洗濯のこともあって「紙」のおむつが当たり前になりましたが、紙はほとんどが石油由来のものでできていることもあり布おむつを推奨する人も多くいます。

　ある園では、紙からレンタルの布に切り替えたところ、紙のときは交換の頻度が1日に7回くらいだったのが、12回に増えたといいます。ということは、園でも複数回1枚のおむつでおしっこをしていたということです。

　1日に10数回、保護者や保育者におむつを交換してもらう、言い換えれば、「自分だけに関わってもらう」回数が増えたわけです。もちろん大人は大変なのですが、子どもの情緒は安定します。その意味からも、応答的に接してもらうことで、しっかりとした心の安全基地＝愛着が出来上がっていくのでしょう。

　全て布に、というのは難しいかもしれませんが、選択肢の一つとして考えてみるのも悪くないかもしれません。

39

排せつ

おむつの交換

　おむつの交換は赤ちゃんと大人との心の交流にとても大事な行為です。また赤ちゃんは一人ひとり様々な違いがあり、標準はありません。排せつについても、ある子は30分に１回くらい尿を出し、１日に何度も大便を出す子もいればそうでない子もいるなど、様々です。一人ひとりのタイミングに合わせた対応を心掛けましょう。

1

むずがって泣かなくても30〜40分おきに定期的におむつが汚れていないか確認します。

2

汚れていたら「きれいにしようね」など声を掛けて抱き上げ、交換場所に移動し、そっと寝かせます。

3章 ●赤ちゃんの生活ー排せつ

3

「気持ち悪かったね」など声を掛けながらおむつを外し、清潔に拭きます。

女の子は前から後ろへ拭きましょう。男の子はおちんちんの後ろもよく拭きます

4

またぐりに合わせてギャザーを寄せ、おへその下で折り返します。

動画でチェック！

5

カバーで覆い、面ファスナーを留めます。

はみ出たおむつはカバーの中に入れ込みましょう

6

「気持ちよくなったね」と声を掛け、終わりです。

こまめな交換を

紙おむつは尿を何度でも受け止められますが、出るたびに交換することで愛着が感じられる機会となります。できるだけこまめに替えるように心掛けましょう。

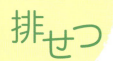

オマルへの移行

　1歳を過ぎ、自足歩行が出来始めた頃から、部屋にオマルを用意します。トイレへの移行の前段階として、抵抗なく始められるように、無理強いせずにそれぞれのタイミングで始めていきましょう。

オマルの環境設定

※写真では小さなトイレを使用しています。

1

排せつの間隔があき、そろそろかな？と思ったら「おしっこしようか？」などと声を掛け、手をつないで一緒にオマルに向かいます。

3章 ● 赤ちゃんの生活－排せつ

2

子どもが座ったら大人も横に座って見守ります。しばらくして出ればそれを喜びます。

3

嫌がったり出なかったりすれば降ろし、「また今度ね」など声を掛けておむつを着けます。何度か繰り返すうちに成功することでしょう。

成功しても失敗しても、声を掛けよう

　まずはオマルに座ること、そしてじょうずにできたこと、小さなことでもできたときにはしっかりと褒めましょう。そのことが自信となり、次のステップにつながります。

　また、失敗してしまっても叱ったりせず、「次は頑張ろうね」など、前向きになれるような声掛けをします。成功するかは二の次で、気長に付き合いましょう。

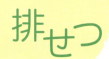

排せつ

トイレへの移行

　2歳を過ぎる頃から徐々にトイレに促します。オマルではじょうずにできていてもトイレには行きたがらなかったり、その逆もあります。一人ひとりのようすを見ながら、丁寧に進めていきましょう。

トイレの環境設定

個別の記録用紙

排せつの時間など、個別に記録しておくと、間隔などの個別の状況が把握しやすくなります。

パンツ交換台

高さ10センチぐらいの交換台を用意し、ズボンやパンツの着脱を座ってできるようにします。

楽しい雰囲気に

壁に画用紙で作った動物やお花などを飾り、楽しくトイレに行ける雰囲気を作ります。

ペーパーは使いやすく

1回分ずつ切っておいたり、長さの目安になるものを壁に貼っておいたりして使いやすくします。

3章 ● 赤ちゃんの生活－排せつ

排せつの間隔があいたら、小さな声で「トイレに行こうか？」と誘います。

交換台でズボンとパンツを脱ぎ、トイレに座らせます。

移行時のポイント

「一斉に声掛け」はNG!!

個々の排尿間隔を見極め、ある程度の時間が来たら個別に声を掛けます。間違っても「さあ、皆さん、トイレに行きましょう」など一斉に声を掛けるのは禁物。トイレは特別なプライベート案件です。小さな声で「おしっこ行こうか？」と個別な配慮が必要です。

保護者へも伝え、一緒に進めましょう

トイレトレーニングは園だけでなく、保護者の協力も必要不可欠です。じょうずにできたこと、失敗してしまったことなどを共有しながら、一人ひとりのペースに合わせて進めていけるように家庭と連携していきましょう。

睡眠

睡眠の発達

　乳児の発達にとって睡眠はとても重要です。それは大人とは違い乳児期の睡眠は体や脳の機能をつくるために必要不可欠だからです。また、生後3か月目頃から成長ホルモンが睡眠中に分泌されるようになります。それによって体の新陳代謝を促進します。

　さらに乳児のときの睡眠が昼と夜の区別をつけるための生活リズムを確立していく上で重要になってきます。生まれて間もない赤ちゃんは、眠ることと飲むこととの繰り返しですが、徐々に昼間目覚め夜眠る時間が増えてきて、午前睡と午後睡の2回の生活が午後睡1回だけの生活になり、だんだんと夜にまとまって寝るようになってきます。

実際の園での午睡時間の例

- **0歳児**　午前睡（1～2時間）＋午後睡（1～2時間）
- **1・2歳児**　午後睡（1～2時間）のみ

などが多いですが、
眠りたい時に眠る、が基本です。

よく遊びよく食べ、よく眠る

「よく遊び・よく食べ・よく眠る」と子どもの姿を表現しますが、「よく遊ぶからよく食べる」「よく食べるからよく眠る」「よく眠るからよく遊ぶ」この生活リズムができている子どもは情緒が安定していて、朝から生き生きと元気に過ごせます。「今日もたくさん遊んだね。楽しかったね」「あ～あ、おなかすいたね」「たくさん食べたら眠くなったね」と子ども自身が感じられる毎日を過ごせることが大切です。

　集中して話が聞けない、理解力がない、活動していても持続力がない、姿勢が悪い、周りの友だちの気持ちに気づかない、理由のない攻撃をする、こだわりが強い、友だちと一緒に何かするのが苦手など、気になる姿を感じた時は、その子の睡眠や食事を含む家庭での様子を知り家族の方と一緒に改善していくことが必要です。

午睡の環境

睡眠の導入には…
絵本の読み聞かせや子守唄などがおすすめ

１歳児くらいになると、徐々に昼食後に眠る習慣がついてきます。食事が終わると自分でエプロンなどを片付け、自分で布団のところに行ってころりと寝入る子どももいるので、動線に配慮しましょう。

　乳児も次第に、夜にまとまって寝るようになりますが、長時間を園で過ごす乳児は、子どもの体調管理や夜の睡眠を補う目的で午睡を取り入れている園がほとんどです。

　午睡の環境をつくるときには、部屋の明るさや温度など、気持ちの良い睡眠を取れるよう工夫しましょう。また、園での午睡は寝ている子のそばにまだ寝ていない子もいるので、保育者は仕草やことばがけにも十分気を付けていかなければなりません。大人に見守られ安心して寝付き、気持ち良く目覚められる配慮が大切です。

心地よい寝方を見つけよう

　午睡では、その環境も大事ですが、「この子は、どんな寝方が心地良いのかな？」と個々の特徴を発見することも大切です。横揺れ？ 縦揺れ？ 抱っこかな、おんぶかな、添い寝？ それともトントン？ 頭をなでる、体をさする、「さする」と言っても耳や足、場所は色々で、さすり方も色々ですが、スキンシップが出来る素敵な時間とも言えるので、保護者の方にもお勧めしたい点です。

抱っこ？
おんぶ？

添い寝？
頭を
トントン？

体をさする？
耳？ 足？
さすり方は？

縦揺れ？
横揺れ？

動画で
チェック！

SIDS（乳幼児突然死症候群）について

SIDSとは

乳幼児突然死症候群(Sudden Infant Death Syndrome)は、それまで元気な乳幼児が、主として睡眠中に突然死亡状態で発見されるもので、原則として1歳未満の乳児に起こる。日本の発症頻度はおおよそ出生6000～7000人に1人と推定され、生後4か月をピークに2か月から6か月に多く、稀には1歳以上で発症することがある。従来、リスク因子として妊婦および養育者の喫煙、非母乳保育、うつぶせ寝などがあげられている。原因に関しては、睡眠に随伴した覚醒反応の低下を含めた脳機能の異常、先天性代謝異常の存在、感染症、慢性の低酸素症の存在、等々種々のもの考えられているが、未だ解明に至っていない。

（乳幼児突然死症候群(SIDS)に関するガイドライン2012：厚生労働省発表より抜粋）

SIDSは、原因不明で突然睡眠中に起こるものです。「ようやく寝ついたわ」「みんな寝ているから」と、ほっとしたいところですが子どもの体調の変化は突然起こることもあるので目が離せません。朝からの体調を把握し、室温や湿度にも気を配り、こまめに呼吸状態、顔色、寝方などを観察することが必要です。異常発見時の対応を普段から職員全員で身につけておくと良いでしょう。

観察の目安
- 0歳児…5分ごと
- 1歳児…10分ごと
- 2歳児…15分ごと
- 3歳児…30分ごと

3章 ● 赤ちゃんの生活―睡眠

事故防止のために

- 顔の周りに物を置かない。よだれかけや名札ははずす。

- 雨の日など、室内が暗いときはカーテンで調節し顔色等が観察できる明るさを保つ。

- 月齢の低い児や体調不良児、及び新入児は、保育者の近くで寝かせ観察する。

- 0〜2歳クラスは、うつぶせ寝にしない。睡眠の妨げにならないよう仰向けに直す。

- 3歳児クラス以上も、顔色が観察できないため、うつぶせ寝は直すのが望ましい。あおむけに直すか、そのままで十分な観察を行なう。

- バスタオルや毛布は、顔にかからないようにする。バスタオルを敷く場合は、CO_2の拡散性に影響を及ぼさないように配慮する（しわを伸ばす）。

※睡眠中の事故は、SIDSに関係なくうつ伏せ寝であったかどうかが問われる。
（川崎市健康管理マニュアルより）

こんなお悩み、どう答えよう？
～家庭からの連絡帳より～

その2　集中して遊ばないのですが…

家庭から

昨日は家で、遊んでいました。
初めはおもちゃの列車で遊んでいましたが、
すぐに飽きて次は人形で…
集中して遊ぶにはどうしたらいいんでしょうか？

園から

　興味が次々変化していくのが一般的です。興味が人形に移ったときは、大人が「じゃあ、汽車は片付けるね」と言って片付けます。人形に飽きてまた汽車を要求したら出せばいいのです。要は、子どもの興味関心に基づいて遊びは展開されるので、年齢相応のおもちゃの用意は必要でしょう。わりと大人が使っているものに興味を示します。お母さんがいつも使っている料理器具などに興味を示す子どももいます。安全なものを用意し遊びでも使えるようにすると遊びのバリエーションが増えるかもしれません。部屋の中に出しておくおもちゃの種類は、多すぎないほうが良いでしょう。

第4章
赤ちゃんの遊び

遊びは、子どもの生活の中で欠かせない要素です。
その内容は子どもの月齢や発達の段階によって
絶えず変化していきます。
一人ひとりの子どもに合った遊びを提供するために
必要な姿の捉え方や、実際の遊びの例を通して、
目の前の子どもに適した遊び方を見つけてください。

遊びの見つけ方

　0〜2歳の子どもとの遊びを考えるときに、まず一番大切なのは目の前にいる子どもの発達を押さえること。今ある姿から、どんな遊びを提供すれば楽しめるのか、また遊びの中でどのような動きや感覚、気持ちを育てたいのかを考えて、一人ひとりに適した遊びを考えていきましょう。

　そのため、この章では以下のような二つの段階を経て遊びを探せるように構成しています。

STEP 1 体と心の発達 で、目の前の子どもの姿やよく見られる行動を押さえる　→ P56〜61

STEP ①

　「寝返り・腹ばい」や「物をつまむ」、「『自分で』しようとする」など、子どもの発達の姿や成長に応じて見られる主な行動などを11の項目で示しています。目の前の子どもが今どの姿に当てはまるか、またはどんな動きや感覚を育てたいのかを考えながら読みましょう。

STEP ②

　当てはまる姿が見つかったら、この欄にあるページの具体的な遊びに飛びます。

寝返り、腹ばい

寝かされたままの状態で、自分では動けなかった状態から、徐々に寝返りをうてるようになってきます。首の力や腹筋など全て使って寝返りをうちます。これができるようになるまでは、泣いて大人を呼び、体勢を変えてもらうことが必要ですが、寝返って腹ばいになると、首を持ち上げ手を踏ん張って頭が上げられるようになります。大人が喜んで観察していると得意げでもあります。あまり柔らかすぎるベッドは踏ん張れず寝返りには不向きですし、窒息やSIDSの危険性もあるので注意が必要です。

この時期にオススメの遊びは… → P62,65

4章 ● 赤ちゃんの遊び－遊びの見つけ方

STEP 2 具体的な遊びを探す

歌遊び・わらべうた

簡単な節でうたえる歌や、昔ながらのわらべうたの遊びを紹介。一対一でも、複数人でも遊べます。

→ P62~67

手作りおもちゃ

身近な素材で手作りできるおもちゃを、年齢に合わせた遊び方と一緒に紹介しています。

→ P68~73

子ども同士の遊び

子ども同士の関わりの中から生まれる遊びを紹介。子どもへの遊びの提案やことばがけのヒントにも。

→ P74~76

体と心の発達

　乳児が安心して遊び込むためには、保育者が子どもの体と心の発達を十分に知っておく必要があります。0歳から2歳ごろまで、子どもによく見られる行動から、その発達を見取り、その時期の姿に合った遊びを見つけましょう。

寝返り、腹ばい

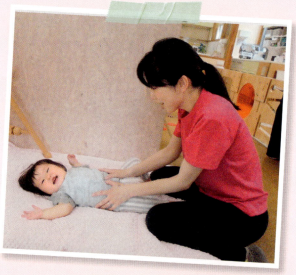

寝かされたままの状態で、自分では動けなかった状態から、徐々に寝返りをうてるようになってきます。首の力や腹筋など全て使って寝返りをうちます。これができるようになるまでは、泣いて大人を呼び、体勢を変えてもらうことが必要ですが、寝返って腹ばいになると、首を持ち上げ手を踏ん張って頭が上げられるようになります。大人が喜んで観察していると得意げでもあります。あまり柔らかすぎるベッドは踏ん張れず寝返りには不向きですし、窒息やSIDSの危険性もあるので注意が必要です。

この時期に
オススメの遊びは… ➡ P62,65

4章 ●赤ちゃんの遊び―体と心の発達

抱っこ

抱っこはアタッチメント＝愛着のもとといわれています。子どもが泣いて要求しているときなどは近くに行って抱き上げ、「どうしたのかな？」「おなかがへったの？」などと話し掛け、様子を見ることが大切だといわれています。泣く→大人が来る、泣く→大人が来るを1日に何度も繰り返すことによって、赤ちゃんは「自分に大人を呼びつける能力があるのだ」と実感します。来てくれる大人との間に徐々に愛着関係が成立します。これが「心の安全基地」です。この基地ができると、たまにはその基地を離れ、さまざまな冒険・探索行動を始めます。怖かったり、寂しくなったりすると、再び安全基地に戻り安心します。

| この時期にオススメの遊びは… | ➡ P62,63,65 |

なめる

エリクソン（アメリカの発達心理学者）は誕生から1歳半くらいまでを「口唇期」と表現しました。外界のすべてを口と唇で感じる時期、としたのです。この時期の赤ちゃんは何でも口に入れたり、なめたりします。物を確かめるときに観察しているだけでは物の本質は分からず、なめることで物を確かめるのです。あおむけに寝ているときに、自分の足の指をなめたりもしますが、自分の身体がここまであるという、身体全体を認識しようとしていると言われます。そのため、赤ちゃんの周りに灰皿や鋭い物、針など危険な物を置かないようにしましょう。

| この時期にオススメの遊びは… | ➡ P68,69 |

体と心の発達

泣く

赤ちゃんは私たちに分かる言葉を獲得するまでにしばらくの時間がかかります。それまでの基本的欲求（空腹、眠い、痛い、かゆい、さみしいなど）をほとんどすべて「泣く」というやり方で表現します。大人側は、なぜ泣いているのかなかなか判断がつきません。すぐに近寄り、抱き上げ、何がしてほしいのかを確かめなければなりません。少しずつ、周りの大人がしゃべっている言葉をまねるようになりますが、それまでは「泣く」が赤ちゃんの言語なのです。

この時期にオススメの遊びは… ➡ P62~67

探索❶ ハイハイ

寝返りができるようになり、両手で手を突っ張って頭が上がるようになったら、腕だけで身体を引っ張り、ズリバイのように移動できるようになってきます。自分で動けるようになると、様々なものに出会えるのでうれしく、ますます活発になります。徐々に腕と足が協応し、右手左足、左手右足という風に、交互に足と手が動き、ハイハイとなります。

この時期にオススメの遊びは… ➡ P68~73

4章 ● 赤ちゃんの遊び－体と心の発達

探索❷ 伝い歩き

近年、子どもが歩くようになるのは早くなっているといわれています。人間の進化は急に進むことはないので、何かしら環境に原因があるのかもしれません。だいたい満1歳くらいを境に立つことができるようになり、そこに家具などがあるとそれを手掛かりに立ち上がり最初の1歩が出ることがあります。決して十分にハイハイした結果立てたのではなく、たまたま家具につかまれただけです。赤ちゃんの握力はサルから進化した遺伝で、自分の身体を持ち上げられるだけの握力があります。この力を使ってつかみ、立つのです。よく考えてみると、現代人が住まう家は大して広くないところに多くの家具が置かれています。早く立ち上がってしまうのも無理もないですね。

この時期に
オススメの遊びは…　→ P64,65

片言

「泣く」ことで、さまざまな表現をしていた赤ちゃんは、少しずつ言葉らしきものを発音するようになります。一般に「ジャーゴン（宇宙語）」と呼ばれています。意味は不明だが言葉らしきものをしゃべり始めるのです。周囲の言葉を吸収する能力が高くそれが日本語の場合は日本語、英語の場合は英語に似た言葉を使います。LとRの区別もできるのだそうです。ものすごい勢いで言葉を吸収します。そのプロセスの中で、日本人の子どもは日本語らしい「片言日本語」をしゃべるのでしょう。

この時期に
オススメの遊びは…　→ P62〜67

体と心の発達

走る（粗大運動）

少しぎこちなかったり、すぐに転んだりしていた子どもたちが、2歳を境に活発に動き出します。小走りができるようになりますが、急に止まるのはうまくなかったり、少々のでこぼこで転んだり、打ち身や傷が絶えない時期でもあります。痛くて泣いているときなどにはすぐに起こさず、そばによって「大丈夫？ 痛かったね」と声を掛け、立ち上がるのを待ちます。立ち上がったら「よく自分で立てたね」とその行為を認め、励まします。自分の身体が自由に動くことがうれしくて、キャッキャ言いながらの追い掛けごっこなど、大人を相手に遊ぶこともあるでしょう。暖かい公園での遊びに、心温まるときでもあります。丁寧に自立することを見守るのです。

この時期にオススメの遊びは… → P66,67

物をつまむ（微細運動）

チンパンジーと人間の遺伝子は98％程度同じといわれます。大きく違うのは、チンパンジーは4つ足、人間は2足歩行であることです。人間だけにある手の動きは、親指と人さし指で物がつまめることだといわれます。2本足で立ち、物がつまめることで、人間は道具を編み出し、文明を築くことができたわけです。能動的に様々なものに興味を示し、触りつかみ投げることを通して徐々に巧緻性が獲得されます。年少が年長の子どもが作っている泥だんごをまねて、どろどろの土を握り締め、なかなか形にならない土と格闘している姿は頼もしくさえあります。あわてずゆっくり見守り、稚拙であったとしても「長い時間よく我慢して作っていたね」とか「素敵なのができたね」など、努力を認めることが大切です。そのことは次への意欲の源泉となります。

この時期にオススメの遊びは… → P68~73

つもり遊び

赤ちゃんは周囲の出来事や会話、事象をとてもよく観察しています。室内で飼育されている犬などのペットの世話をしている大人をまねて、無理やり引っ張ったり押さえつけたりすることもあります。お母さんになったつもりでまねっこするのですが、なかなか加減は分からないのです。当然ですが噛みつかれることもあります。また、新聞を読んでいるお父さんをまねて、自分も座って新聞を読むまねをしたり、掃除機を操作しようとしたり、大人がしていることを、できもしないのにそのつもりになって楽しそうにします。まねるはまねぶ、これが学ぶになります。まねっこ遊びは学習の始まりです。

この時期にオススメの遊びは… → P73

「自分で」しようとする

できもしないのに何でも自分でやってみようとする、やってもできないのでかんしゃくを起こし、泣いて悔しがるというようなことはしょっちゅう起こります。あまり頻繁だと「もう！まだできないの!!」と怒ってしまいたくもなりますが、「自分で！」という思いは「自分」という存在に気付き始めている証拠なのです。心理学では「自我」といわれるものですが、自分はお母さんや他の人とは違っていて、自分という自立した存在なんだという主張でもあります。あわてて出掛けようとするとき、時間がないので親がさっさと靴を履かせてしまいます。そのようなときに子どもは怒り、履かされた靴を脱ぎ捨て、「自分で!!」と叫んで、一生懸命自分で履こうとしたりします。自立の始まりです。この時期ほど子供との関わりに気を使うことはありません。親や保育者の大人力が試されます。

この時期にオススメの遊びは… → P68～73

歌遊び・わらべうた

0歳

ゆったりとした雰囲気の中、優しい音を聞きながら抱っこされることで、赤ちゃんの心は安心で満たされます。そして、大人のニコニコとした笑顔が「私と一緒にいる大人も喜んでいる」と感じ、より一層の信頼関係が築けるのです。

だっこしてギュー

向かい合ってだっこをします。『だっこしてギュー』を歌いながら、心地よく揺れるのを楽しんだ後、ギューとしっかり抱き締めます。膝に乗せて左右に揺れたりトントントンのリズムをとって最後ギューと抱き締めます。

> **＊ほかにもこんな歌で**
> ● ぶらんこ　● ゆりかごのうた

作詞・作曲/福尾野歩・中川ひろたか

指でピッピッ

指でツンツンしたり、ピッピッピッと頬や、胸を優しく刺激します。向かい合って目と目を合わせると大人の気持ちが伝わり、楽しさを共有することができます。

『まほうのゆび』作詞・作曲/湯浅とんぼ

動画でチェック！

> **＊ほかにもこんな歌で**
> ● パンダうさぎコアラ　● たまごたまご　● チューリップ
> ● とんとんとんとんひげじいさん　● 大きなたいこ

4章 ●赤ちゃんの遊び―歌遊び・わらべうた

人形と一緒に

ペープサート、ぬいぐるみ、手袋人形などを見せ、左右に軽く動かしながらわらべうたを歌うだけで、子どもは集中して楽しめます。見せるものは、子どもから少し離れているほうが良いでしょう。

動画でチェック！

*ほかにもこんな歌で
- うみだよ
- さるのこしかけ
- くまさん
- うちのうらの
- ととけっこう
- どてかぼちゃ

ちょちちょちあわわ

歌に合わせて、自分や相手に触れながら遊びます。膝にだっこしたり、向かい合ったりして遊びましょう。ゆっくりしたテンポから、好きな所は少しテンポを上げたり、子どもの様子を見て好きな所を触ったりアレンジしながら進めましょう。

動画でチェック！

わらべうた

チョチチョチ アワワ かいぐりかいぐり とっとのめ おつむてんてん ひじポンポン

*ほかにもこんな歌で
- いちりにり
- 一本橋こちょこちょ
- いもむしごろごろ
- ぎっちょ米つけ

歌遊び・わらべうた

1歳 自分でやってみたい時期です。子どもの様子を見ながら子どもの動きに合わせてテンポを変えたり、リズミカルに動いたりすることによって心地よさを感じます。

とんとんとんとん ひげじいさん

基本の遊びに慣れてきたら、「ひげじいさん」の部分をいろいろなものに変えて変身して遊びます。

作詞／不詳　作曲／玉山英光

楽器を鳴らそう

いろいろな曲に合わせて、カスタネットやタンバリン、マラカスなどの楽器を鳴らします。ペットボトルなどで手作りすると、より興味・関心がもてますね。

動画でチェック！

＊ほかにもこんな歌で
- むすんでひらいて
- こぶたぬきつねこ
- 大きなたいこ
- かえるのうた

○○ちゃんのおでこ

小さい子なら左手で背中を支えながら、大きい子なら子どもの左手を軽く握り顔の部分に軽く触れながら、子どもの名前を入れて歌います。「かわいいね」など声を掛けながら歌うといいでしょう。

動画でチェック！

（節をつけながら歌う）
♪　○○ちゃんの　おでこ
　　○○ちゃんの　ほっぺ
　　○○ちゃんの　おはな

※わらべうた

もみすりおかた

足を床に伸ばして座りその上に子どもを座らせてぎっこんばったんをしながら歌い、最後の「すりこかせ」で足を開き落ちるのを楽しみます。

（節をつけながら歌う）
♪　もみすりおかた
　　もみがなけりゃかしましょ
　　もみゃまだござる
　　うすにさんじょ
　　みにさんじょ
　　すってすって　すりこかせ

※わらべうた

歌遊び・わらべうた

2歳

2語文が話せるようになり、表現力や理解力が増してきます。豊かな感受性を身につけるためにも、遊びの中で様々な体験をさせてあげましょう。2歳半ぐらいになると歌が歌えます。一緒に歌って楽しみましょう。

おおなみこなみ

歌に合わせて、手をつないで思い切り振ったり、小さな音の時はそっと振ったりと、音の大小を遊びの中で表現して楽しみます。最後に嵐になってざぶん！と倒れてもおもしろい！「なわとびうた」として、なわとびにつながるように遊びます。

動画でチェック！

わらべうた
おお なみ こなみで ぐるりとまわしてね このめ

かもつれっしゃ

機関車になって出発、最後に連結します。連結の時は出会ったお友達と手を合わせてハイタッチ！ 楽しみながらルールを守ることを覚えます。

＊ほかにもこんな歌で
- くいしんぼゴリラのうた
- とんとんとんとんひげじいさん
- キャベツのなかから

せっくんぼ（おしくらまんじゅう）

床に座り、おとなが左右に一人ずつ子どもを置き、その子と腕組みをして体をふれあいながら左右に揺れて遊びます。

動画でチェック！

（節をつけながら歌う）

♪ せっくんぼ　せっくんぼ
なかんやつぁ　せだせ
せっくんぼ　せっくんぼ
おされてなくな
せっくんぼ　せっくんぼ
なかんやつぁ　せだせ
せっくんぼ　せっくんぼ
おされてなくな

※わらべうた

たけのこいっぽん

先頭の保育者に向かい合うように子どもが3〜4人つながります。「たけのこいっぽんおくれ」「まだめがでないよ」のやり取りを繰り返し、「もうめがでたよ」で引っ張って抜いていきます。子どもの反応を受け止めながら進めましょう。

動画でチェック！

* ほかにもこんな歌で
- いまないたからすが
- ととけっこう
- からすかずのこ
- かえるがなくから
- おべんとうばこのうた
- もみすりおかた

わらべうた

たけのこ いっぽん おくれ まだめが
でないよ たけのこ にほん おくれ
まだめが でないよ たけのこ さんぼん
おくれ もう めが でた よ

1つの素材で長く遊べる
手作りおもちゃ

身近な素材で作れる手作りおもちゃは、同じものでもそれぞれの発達に合わせた遊び方で、長く楽しむことができます。どんな遊びに発展できるか、一緒に考えるのも大切です。

動画でチェック！

1歳　つなげる
洗濯バサミで二つのペーパー芯をつなげて、どんどん長くしていきます。

トイレットペーパーの芯
トイレットペーパーの芯を適当な長さに切り、マスキングテープなどで飾ります。

2歳　音で楽しむ
3分の1くらいに切った芯の片方の底に画用紙などで蓋をし、反対側の両端に切り込みを入れ輪ゴムを掛けます。輪ゴムを引っ張って離すとぱ〜んと音がするのを何度も繰り返し楽しみます。芯の中に小さく切った折り紙を入れるとひらひらと飛び出てこれも楽しいです。

動画でチェック！

0歳　筒に通す
細長い筒に、ペーパー芯を通して遊びます。長い筒の土台を固定すると通しやすく、集中して遊ぶことができます。

2歳　重ね合わせる
芯に切り込みを入れて、重ね合わせて遊んでいます。望遠鏡に見立てたのでしょうか、のぞき込んでご機嫌です。

動画でチェック！

1歳　ひも通し
柵などにひもを固定して、ペーパー芯を通していきます。

4章 ● 赤ちゃんの遊び－手作りおもちゃ

輪っか

新聞紙をねじって棒状にし、端をつなげて輪っかにします。ビニールテープで固定して完成。またはフェルトで作るのもいいでしょう。

1〜2歳 運転ごっこ

輪っかをハンドルに見立てて、出発進行！

動画でチェック！

0歳 いないいないばあ

「いないいない…」でも顔が見えていると、赤ちゃんは安心して楽しんでくれます。

1〜2歳 ひも通し

輪っかの穴にひもを通していきます。穴が大きいのでひも通しの導入にぴったり。

動画でチェック！

0〜1歳 転がす

動画でチェック！

テーブルなどで傾斜を作り、輪っかを立てて転がします。

2歳 輪投げ

動画でチェック！

的に目掛けて輪っかをぽい！じょうずに入るかな？

1歳 積む

積み木のようにどんどん高く積み上げていきます。

動画でチェック！

2歳 引っ掛ける

輪っか同士をS字フックを使ってつなげていきます。

69

1つの素材で長く遊べる
手作りおもちゃ

洗濯バサミ

いろいろな色の物をたくさん用意しましょう。

0歳 外す

ネットに付いている洗濯バサミを引っ張って外しています。まだ付けることは難しくても、外す感触を楽しんでいます。

洋服にたくさん付けてあげると、プチプチと外して楽しんでいます。

動画でチェック！

1歳 台紙に挟む

厚紙などで作った台紙に一つひとつ取り付けたり、そこから外したりして遊びます。

動画でチェック！

動画でチェック！

2歳 つなげる

2歳児になると、ネットと箱を洗濯バサミでつなげたり、更に箱と箱をつなげたり、とどんどん広がっていきます。

動画でチェック！

2歳 トイレ芯と

p68で紹介したように、ペーパー芯と組み合わせて遊びます。

動画でチェック！

2歳 洗濯バサミ同士をつなげる

洗濯バサミ同士をつなげて、どんどん長くしていきます。

動画でチェック！

4章 ● 赤ちゃんの遊び―手作りおもちゃ

手作りブロック

牛乳パックや段ボールなどに、画用紙や布テープを巻いて大小様々なブロックを作ります。

2歳　並べる

ブロックを並べて道を作り、上を歩いたり車を走らせたりして遊びます。

動画でチェック！

0歳　乗り物ごっこ

凸の形に組み合わせると、乗り物ごっこを楽しめます。手で押して進んだり、友達と乗ってみたり。

動画でチェック！

1歳　絵合わせブロック

上下で絵が合わさるように画用紙で作った絵を貼ります。何種類か作り、絵合わせゲームを楽しみます。

スイカになった！

こっちはキャンディー

0歳　積む

動画でチェック！

どんどん積み上げては壊し、を繰り返します。

大きなブロックも、軽いので崩れても大丈夫。ダイナミックに楽しみます。

動画でチェック！

71

1つの素材で長く遊べる
手作りおもちゃ

0歳 いないいないばあ！

牛乳パックをつなげて作るいないいないばあのおもちゃ。「誰が出てくるかな？」とどきどきして楽しい！

いない いない…

ばあ！

動画でチェック！

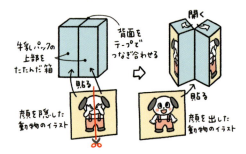

0歳 手作りたいこ

円柱状の段ボール板に厚紙を貼ってたいこを作ります。ばちはひもでたいこに付けておきましょう。

動画でチェック！

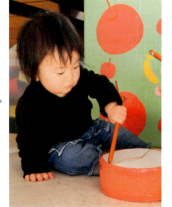

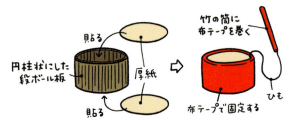

0歳 お魚ぺったん

フェルトで作った魚と海のボードにそれぞれ面ファスナーを取り付け、いろいろな場所に貼ったり剥がしたりして遊びます。

動画でチェック！

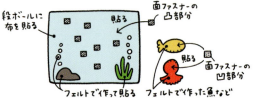

4章 ● 赤ちゃんの遊び―手作りおもちゃ

1歳 ボタンの電車

フェルトで電車を作り、それぞれ左右の連結部分にボタン穴とボタンを取り付けます。それをどんどん連結させて、なが～くつなげましょう。自分の洋服のボタンを留める練習にもなります。

動画でチェック！

2歳 絵探し人形

ボトルキャップに写真や絵を付けて並べます。「○○どこかな？」みんなで探して遊びます。みんなが取ることができるように次はお魚、次はウサギと探す物を変えてあげるとよいですね。

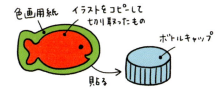

2歳 ハイパーホッケー

段ボール板を丸く切ったものにカラービニールテープを巻いて作ってあります。滑らせたり、回して遊んでいます。誰が遠くまで滑らせるかな？

2歳 輪ゴムで

板に数本釘を打ったものに、カラフルな輪ゴムを自由に引っ掛けながら模様を作ります。

動画でチェック！

子ども同士の遊び

0歳

0歳児の子どもでも、子ども同士でかかわって遊ぶ姿が見られます。保育者が間に入って、絵本やおもちゃなどを介しながら遊ぶことでお互いの刺激にもなります。

絵本でぐるぐる

うずまき模様の描かれた絵本を挟んで、ぐるぐるぐる…と指でなぞっていきます。それをじっと見つめて、今度は向かいの子どももぐるぐるぐる…0歳児でも、絵本などを介して子ども同士の関わりがみられます。

POINT
0歳児には色彩がはっきりとした、抽象的な絵の絵本が認識しやすく興味を示します。いろいろな模様の絵本で反応を見てみましょう。

いないいないばあ

カーテンから、箱から、いろいろなところから顔を出して遊びます。保育者が大げさにやってみせて子どもと楽しんだり、子ども同士での気付きを促したりして遊んでみましょう。

クッションでゆったり

子どもは狭いところが大好き。はっきりとしたやり取りができなくても、落ち着いて遊び込むことができます。牛乳パックで作った口の字型の大型積み木や、ドーナツ型のクッションなど準備しておくとゆったりと過ごせるでしょう。

4章 ● 赤ちゃんの遊び－子ども同士の遊び

1歳

他の子どもが遊んでいるのを見て、自分もやりたい！と集まる姿が見られます。トラブルになっても対処できるよう見守りましょう。

タイヤで引っ張りっこ

タイヤにひもをくくりつけ、そこに子ども数人が座り、その他の子どもが引っ張って進みます。途中で引っ張る子と座る子を交代しながら遊びます。

POINT
一部の子どもが遊んでいると、周りの子どもも「やりたい！」と集まってきます。タイヤは複数用意し、競争したりしても楽しめます。

渡れるかな？

地面を海に見立てて、橋をじょうずに渡っていきます。落ちたらワニに食べられちゃう！　など設定を加えても楽しいですね。

POINT
2歳児に近づいてくると、じょうずにバランスをとれるようになってきます。周りの子ども同士で共有する見立てを楽しみながら、遊んでみましょう。手をつないだりマットを敷いておいたりと、安全面にも気を配りましょう。

子ども同士の遊び

2歳 言葉でのコミュニケーションが取れるようになり、役割を分担してやり取りをしたりと子ども同士での関わりが多く見られます。

病院ごっこ

病院へ行った経験を、遊びの中で役割を分けて楽しみます。まずは聴診器で診察。患者さん役の子どもは自らお腹を出しています。

次は注射です。服の袖をまくって、注射をしてもらいます。お医者さんと患者さん役を交代したり、他の子どもが加わったりして続きます。

美容室ごっこ

「病院ごっこ」同様、美容室で経験してきたことを遊びにしています。はじめは人形をお客さんにしていたところから、次第にお客さん役と美容師さん役にわかれて遊び始めました。

POINT
「どれくらいの長さにしますか？」「シャンプーしますね」など、会話のやり取りも楽しみながら遊びを進めていきます。

おわりに

　愛着の形成や基本的信頼感などの欠如が、人生における精神的な病や、不登校・うつ・ひきこもり・自殺などに大きく影響していることを、数多い臨床経験に基づき、精神科医の服部祥子(さちこ)さんや児童精神科医の佐々木正美さんなどからご教授を受けました。私たちと保護者が協働して行なう乳幼児期の育児が人の一生の基盤をつかさどることを考える時、いかに丁寧に乳児保育に向き合うのかを保護者と保育者同士が共有したいと考え、研究研修委員会では乳児保育のハンドブックが必要との意見の一致を見ました。乳児保育を長く経験した者、今奮闘中の者、これから受け入れを考えている者で3歳未満児プロジェクトを編成し、保育者はもとより、育児中の母親にも資する本を作ることになったわけです。

　乳児保育の発達的側面や保育場面の様々な様子を短いビデオで紹介し、何気ないかかわりや小さなヒントを得ることで安心して乳児に向き合っていただけると思います。乳児期から幼児期へ、そして児童期へと子どもの育ちは連続しますが、保育理論や指導法、方法論は違っていて非連続です。その部分を共通理解したいと思います。

　拙著については、ひかりのくに(株)岡本功社長に出版の理解をいただき、担当の安部鷹彦さんに粘り強い励ましを受けながら稚拙な原稿やビデオを収集・編集していただきました。また、プロジェクトに参加してくれたメンバーにも、忙しい中ビデオの映写やわらべうたの提出など、ご協力をいただきました。この場をお借りして心から御礼を申し上げます。

　少しでも多くの保護者や保育担当者のヒントや勇気付けとなり、日本で生まれくる多くの赤ちゃんに福音がもたらされますことを願ってやみません。

プロジェクトリーダー　安家周一

● 動画の見方

全部で50本の動画で、本書の内容がよりわかるようになっています。
お手持ちのスマホでQRコードを読み取り、動画をご覧ください。

● 動画一覧

一覧で見るには、YouTube チャンネルから、お探しください。

第2章　赤ちゃんの言葉の育ち

P.22　ごっこ遊び　1歳
　　　https://youtu.be/547fRhyTmm4

P.23　要求語1
　　　https://youtu.be/0zszIt3NRxI
　　　要求語2
　　　https://youtu.be/bBqQR_Z1y6k
　　　要求語3
　　　https://youtu.be/P1Fc5JInXUw

P.24　思いや欲求を主張する1
　　　https://youtu.be/IOEW_MVickc
　　　思いや欲求を主張する2
　　　https://youtu.be/x6bZL0NRtoU

P.25　イヤイヤ期1
　　　https://youtu.be/Gjntocu4vnI
　　　イヤイヤ期2
　　　https://youtu.be/HUo8GUxZeXU
　　　ごっこ遊び　2歳
　　　https://youtu.be/ZASc6IHoMfM

第3章　赤ちゃんの生活

P.31　授乳時のポイント1
　　　https://youtu.be/MPGtqC7bZto
　　　授乳時のポイント2
　　　https://youtu.be/q4umjGXHd1Y

P.32　0歳児の離乳食の様子
　　　https://youtu.be/947eil-GpSQ

P.33　1歳児の離乳食の様子1
　　　https://youtu.be/XwZbQ_K4vyA
　　　1歳児の離乳食の様子2
　　　https://youtu.be/oeXc4MyWjzQ

P.34　2歳児の食事の様子
　　　https://youtu.be/Ew6Wlpq2rNA

P.37　1歳児の食事の様子の悪い例
　　　https://youtu.be/0FPG7MXUedc

P.41　0〜2歳児の排せつでの様子
　　　https://youtu.be/IVwe0fgLzI8

P.49　午睡の様子
　　　https://youtu.be/cqywLQIyY8E

● 動画の見方・動画一覧

第4章　赤ちゃんの遊び

P.62　指でピッピ
https://youtu.be/vroEvEHtL5s

P.63　人形と一緒に
https://youtu.be/mZ6jDO_cqZQ
ちょちちょちあわわ
https://youtu.be/8tIGnxvkYvg

P.64　楽器を鳴らそう
https://youtu.be/iaJdsXRcMuY

P.65　◯◯ちゃんのおでこ
https://youtu.be/DDyxnowAU4o

P.66　おおなみこなみ
https://youtu.be/f0r9RMflUas

P.67　せっくんぼ
https://youtu.be/Mjm8G0h13g0
たけのこいっぽん
https://youtu.be/6tjnY-UHRxQ

P.68　トイレットペーパーの芯　筒に通す
https://youtu.be/vAWR8V54MMQ
トイレットペーパーの芯　つなげる
https://youtu.be/E10ZI2X-Llg
トイレットペーパーの芯　重ね合わせる
https://youtu.be/KBlQDzhXIzE

P.69　輪っか　転がす
https://youtu.be/0nNHG_sDhfs
輪っか　積む
https://youtu.be/7GR2Z3huMIl
輪っか　運転ごっこ
https://youtu.be/2O84gx-ziPs
輪っか　ひも通し
https://youtu.be/4SQxkpJXOzY
輪っか　輪投げ
https://youtu.be/KTOqO6jTVKQ

P.70　洗濯バサミ　外す
https://youtu.be/GkPr0exSkXw
洗濯バサミ　台紙に挟む1
https://youtu.be/oY2pH0rtUY0
洗濯バサミ　台紙に挟む2
https://youtu.be/VuR8_pkPtZE
洗濯バサミ　つなげる
https://youtu.be/Gj0B9-Q7o3o
洗濯バサミ　洗濯バサミ同士をつなげる
https://youtu.be/1401QPqobGo

P.71　手作りブロック　乗り物ごっこ
https://youtu.be/Ec0mu54ugK0
手作りブロック　積む1
https://youtu.be/3K5TqHTibBU
手作りブロック　積む2
https://youtu.be/IrcBs4QsdFE
手作りブロック　並べる
https://youtu.be/d_SwaJUU6Hw
絵合わせブロック
https://youtu.be/Bm6-UXCie0g

P.72　いないいないばあ！1
https://youtu.be/rgGS21zAU40
いないいないばあ！2
https://youtu.be/_3g0aHmt8Mo
手作りたいこ
https://youtu.be/1thZOXXhMs0
お魚ぺったん
https://youtu.be/s6Zpne4IZ8w

P.73　ボタンの電車
https://youtu.be/YVCwMNfhvIl
ハイパーホッケー
https://youtu.be/4GCKQH7s0Fw

著 者	実践協力
（公財）全日本私立幼稚園幼児教育研究機構 研究研修委員会 3歳未満児プロジェクトチーム 　安家　周一 　加藤　篤彦 　亀ヶ谷　忠宏 　川原　恒太郎 　西片　希美子 　濱名　浩 　水原　紫乃	あけぼの保育園、あけぼの風の森保育園、 あけぼのぽんぽこ保育園（大阪府豊中市） 認定こども園宮前幼稚園（神奈川県川崎市） 認定こども園ひまわり幼稚園（大分県大分市） 松本光明幼稚園（長野県松本市） 認定こども園立花愛の園幼稚園（兵庫県尼崎市） 認定こども園焼山こばと（広島県呉市）

スタッフ　●　編集協力・校正：和田啓子
　　　　　　　イラスト：とみたみはる、Meriko
　　　　　　　デザイン：tabby design
　　　　　　　楽譜浄書：（株）クラフトーン
　　　　　　　企画編集：安部鷹彦、北山文雄

はじめての0・1・2歳児

2019年4月　初版発行

著　者　（公財）全日本私立幼稚園幼児教育研究機構
発行人　岡本　功
発行所　ひかりのくに株式会社
　　　　〒543-0001 大阪市天王寺区上本町3-2-14
　　　　郵便振替 00920-2-118855　TEL.06-6768-1155
　　　　〒175-0082 東京都板橋区高島平6-1-1
　　　　郵便振替 00150-0-30666　TEL.03-3979-3112
　　　　ホームページアドレス　http://www.hikarinokuni.co.jp

印刷所　大日本印刷株式会社

©2019　乱丁、落丁はお取り替えいたします。　　Printed in Japan
　　　　　　　　　　　　　　　　　　　　　　ISBN978-4-564-60930-5
〈JASRAC 出1903471-901〉　　　　　　　　　　NDC376　80P　21×18.2cm

本書のコピー、スキャン、デジタル化等の無断複製は著作権法上での例外を除き
禁じられています。本書を代行業者等の第三者に依頼してスキャンやデジタル
化することは、たとえ個人や家庭内の利用であっても著作権法上認められません。